초3, 과학이 온다

길에서 만나는 과학

글: 이경윤

수학과 과학을 좋아해 대학교에서 화학을 공부했습니다. 그 후 작가의 꿈을 이루기 위해 대학원에서 문예창작을 공부했고, 2010년 기독 신춘문예에 동화가 당선되면서부터 작품 활동을 시작했어요. 오늘도 세상을 이롭게 하는 글을 쓰기 위해 열심히 공부하며 고군분투합니다.

쓴 책으로는 『세상의 이치와 논리를 지배하는 놀라운 화학』, 『1·2학년이 꼭 읽어야 할 교과서 수학 동화』, 『탐구력을 키워 주는 과학왕 퀴즈』, 『냉장고 속의 화학(2020년 우수과학도서 초등 부문 선정)』, 『하루 화학』 등이 있습니다.

그림: 유영근

캐릭터 애니메이션 제작 업체 'TRTB Pictures'에서 기업 광고와 교육용 콘텐츠를 제작했습니다. 현재는 프리랜서 일러스트레이터이자 아빠로 활동 중입니다. 그린 책으로는 『아빠는 네 살』, 『아빠는 다섯 살』 등이 있습니다.

인스타그램: @jhiro2

초3, 과학이 온다
길에서 만나는 과학

글: 이경윤 그림: 유영근

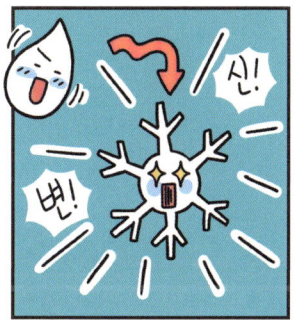

대원키즈

들어가는 말

　많은 친구들이 과학은 왠지 모르게 어렵고 복잡하다고 생각해요. 그래서 과학을 조금 더 쉽고 재미있게 다가가는 방법이 어디 없을까 고민하다 이 책을 쓰게 되었어요.

과학이 왜 어렵다고 느낄까요?

　여러 가지 이유가 있겠지만 그중 하나를 꼽자면, 우리가 과학을 배울 때 나오는 원리, 법칙 등 어려운 말로 설명했기 때문이에요. 사실 과학은 우리 생활과 아주 가까운 곳에 있거든요. 그래서 과학을 말할 때 우리 주변 이야기로 꺼낸다면 이해하는 데 한결 더 쉬워져요.

　이 책은 봄, 여름, 가을, 겨울이 지나는 동안 길에서 만날 수 있는 여러 가지 과학 지식을 그림과 함께 알려 줘요. 그리고 하나의 과학 지식을 단 두 페이지로 한눈에 쉽게 볼 수 있어요. 또 사계절마다 활동지가 있어 앞에서 배운 몇몇 내용을 다시 복습할 수 있지요. 게다가 초등학교 3학년부터 배우는 초등 과학의 내용을 알차게 담았어요. 우리 일상과 맞닿아 있는 과학 지식에 점점 관심을 가지다 보면 자연스레 과학에 흥미뿐만 아니라 실력까지 높이 쌓을 수 있답니다.

　과학이 궁금하지만 선뜻 다가가기 어려운 친구들이라면 이 책을 통해 한 번 과학의 재미를 느껴보면 좋겠어요.

이경윤

등장인물

유리

초등학교 3학년 여자아이.
무뚝뚝한 표정 속에 가려져 있지만 속이 깊고 다정하다.
호기심이 많아 아빠와 반려묘인 야옹이와 함께
이곳저곳 다니는 것을 좋아한다.

아빠

유리의 아빠.
평소 엉뚱하고 장난기가 많지만 유리가 궁금해하는
것들을 척척 알려 준다. 유리와 반려묘인 야옹이와
함께 먹는 것에 진심인 편이다.

야옹이

유리네 반려묘. 과거 길고양이였지만
현재 유리네 하나뿐인 고양이로 살고 있다.
인간의 말을 알아듣고, 남몰래 말도 하는 고양이다.

차례

들어가는 말 ▶ 4
등장인물 ▶ 5

 봄

01 비는 어떻게 내리는 거야? ▶ 10
02 봄바람은 어디서 불어오는 걸까? ▶ 12
03 나뭇잎은 왜 녹색일까? ▶ 14
04 개나리꽃에 숨겨진 비밀은 뭘까? ▶ 16
05 공원의 수돗물, 마셔도 될까? ▶ 18
06 물을 뿌리면 왜 불이 꺼질까? ▶ 20
07 안경을 끼면 잘 보이는 이유가 뭘까? ▶ 22
08 미세먼지는 왜 자꾸 생기는 거야? ▶ 24
09 계곡에는 왜 뾰족한 돌이 많은 거야? ▶ 26
10 봄 하늘의 별자리가 궁금해! ▶ 28

초성 퀴즈 / 지그재그 낱말 잇기 ▶ 30~31

여름

11 가까이 있는 게 잘 안 보인다고? ▶ 34
12 그림자는 왜 생길까? ▶ 36
13 타이어에 왜 공기를 넣게 되었을까? ▶ 38
14 생활 쓰레기, 어떻게 처리할까? ▶ 40
15 도대체 날씨는 왜 점점 더워지는 거야? ▶ 42
16 애벌레에서 어떻게 나비가 될까? ▶ 44
17 매미는 얼마 동안 살 수 있을까? ▶ 46
18 번개는 어떻게 치는 거야? ▶ 48
19 더우면 왜 땀이 날까? ▶ 50
20 여름 하늘의 별자리가 궁금해! ▶ 52

작대기 퀴즈 / 복불복 낱말 퀴즈 ▶ 54~55

🔍 가을

21 단풍잎이 물드는 이유는 뭐야? ▶58
22 나뭇잎은 왜 떨어지는 거야? ▶60
23 자동차 매연은 어떻게 하면 줄일까? ▶62
24 아름답고 신기한 불꽃놀이 ▶64
25 버스가 서면 몸이 왜 앞으로 기울까? ▶66
26 밤이 되면 왜 이렇게 추운 거야? ▶68
27 가을 하늘이 왜 더 푸를까? ▶70
28 구름은 어떻게 만들어지는 거야? ▶72
29 노을은 왜 빨갛게 보이는 거지? ▶74
30 가을 하늘의 별자리가 궁금해! ▶76

숨은 낱말 찾기 퀴즈 / 문장 완성 퀴즈 ▶78~79

🔍 겨울

31 꽝꽝 언 빙판은 어떻게 녹일까? ▶82
32 핫팩은 어떻게 열을 낼까? ▶84
33 얼음은 어떻게 물에 동동 뜰까? ▶86
34 붕어빵에도 과학이 있다고? ▶88
35 나무는 추운 겨울을 어떻게 버텨? ▶90
36 메아리는 왜 되돌아와? ▶92
37 개구리는 왜 겨울잠을 잘까? ▶94
38 눈은 어떻게 내리는 거야? ▶96
39 계절이 바뀌는 게 신기해! ▶98
40 겨울 하늘의 별자리가 궁금해! ▶100

그림 단어 퀴즈 / 단어 완성 퀴즈 ▶102~103

보너스 퀴즈 1, 2 ▶104~105
키워드 찾아보기 / 정답 ▶106~107

 보통 때의 구름은 아주 작은 물방울로 모여 있는 데다가 엄청 가벼워서 땅에 떨어지지 않는대요! 그럼 먹구름은요?

흠, 지금부터 먹구름 안이 어떻게 생겼는지 한 번 들여다볼까?

 **그렇다면 비는 어떻게 내리는 걸까냥?**

먹구름 속에는 아주 많은 물방울이 떠 있어요. 이 물방울 가운데 아주 작은 물방울, 작은 물방울들이 뭉쳐 조금 커진 물방울, 그것보다 더 큰 물방울이 있지요. 마치 우리가 자라는 것처럼 점점 덩치가 커진 **물방울**은 더 이상 자신의 무게를 이기지 못해 구름 아래로 떨어져요. 이게 바로 우리가 말하는 **비**랍니다.

02 봄바람은 어디서 불어오는 걸까?

#공기 덩어리 #바람

우리 눈에 보이지 않지만 하늘은 공기 덩어리로 가득 차 있어. 이 공기 덩어리가 이동할 때 나타나는 현상이 바로 바람이란다. 공기 덩어리는 산소, 질소, 이산화탄소 등으로 이루어져 있지.

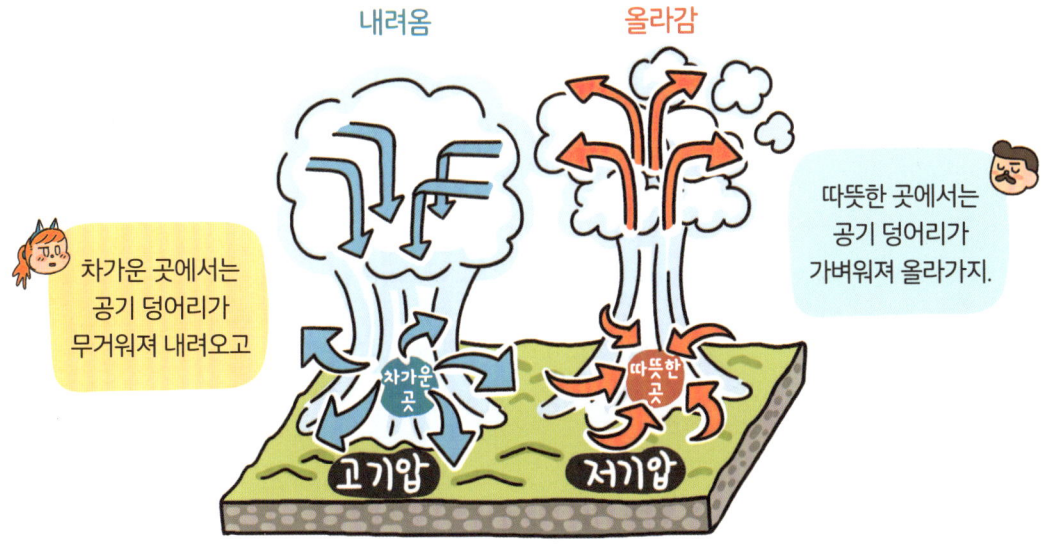

차가운 곳과 따뜻한 곳의 공기 흐름

공기 덩어리는 온도에 따라 무게가 달라지는 성질이 있어요. 따뜻한 곳에서는 무게가 가벼워져 하늘로 올라가려고 하고, 반대로 차가운 곳에서는 무게가 무거워져 땅으로 내려오려는 성질이 있지요. 그래서 공기가 하늘로 올라간 곳은 공기의 양이 적어지고, 공기가 땅으로 내려온 곳은 공기의 양이 많아져요. 이때 자연은 서로 균형을 맞추기 위해 공기가 많은 곳에서 적은 곳으로 이동하는데요. 이것이 바로 **바람**이에요.

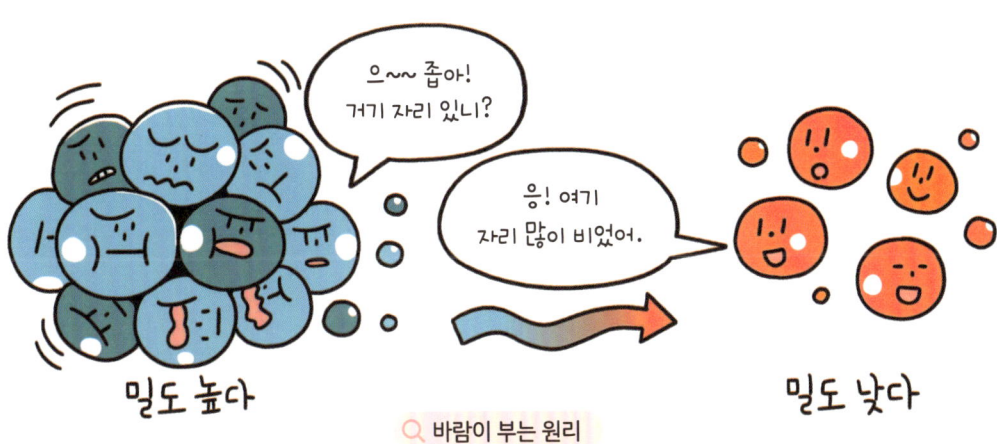

바람이 부는 원리

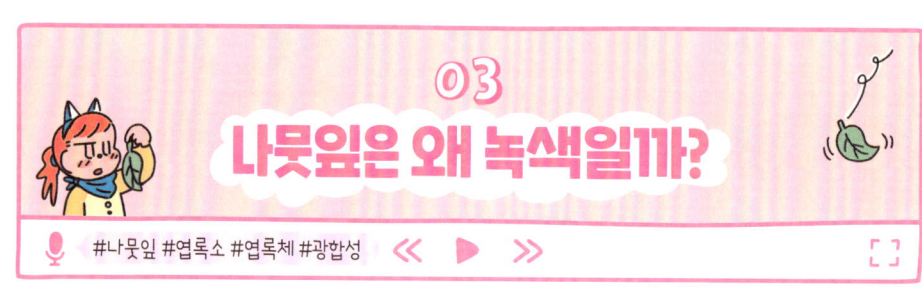

 **나뭇잎이 녹색을 띠는 이유가 뭘까냥?**

나뭇잎 속에 있는 **엽록소** 때문에 녹색을 띠어요. 엽록소는 **엽록체** 안에 들어 있어요. 햇빛 중에서 **광합성***에 필요한 푸른색과 붉은색은 받아들이고, 필요 없는 녹색은 반사해요.

*광합성 : 식물이 햇빛으로 양분을 만드는 일.

 우리 눈은 어떤 빛이 사물을 비추었을 때 반사하는 빛의 색만 볼 수 있어요. 그래서 나뭇잎의 엽록소가 반사하는 색깔인 녹색을 보는 것이지요.

게다가 봄의 나뭇잎은 여름과 달리 더 연한 녹색을 띠어요. 그 이유는 바로 잎 속의 엽록체들이 덜 자란 데다가 양도 많지 않기 때문이에요.

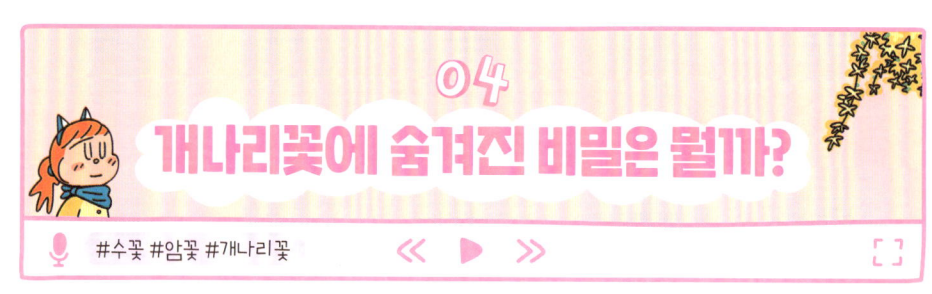

 개나리의 암꽃과 수꽃을 구분하는 방법은 꽃의 내부를 보면 알 수 있다냥!

수꽃 개나리

수꽃 개나리를 자세히 보면 꽃가루가 뭉쳐진 꽃밥을 볼 수 있어요.

암꽃 개나리

암꽃 개나리에는 꽃가루를 받아들일 수 있도록 긴 암술머리가 있어요.

수꽃의 꽃가루는 나비나 벌과 같은 곤충에 의해 **암꽃**의 암술머리로 옮겨져요. 이 둘이 서로 만나 씨를 만들지요. 씨가 있어야 또 다른 **개나리꽃**을 만들 수 있기 때문이에요. 이렇게 소중한 씨는 열매 속에서 보호돼요. 대부분 사람들은 개나리의 열매가 있다는 것을 잘 알아차리지 못해요. 하지만 9월이 되면 개나리는 열매를 맺지요. 이 개나리 열매를 가리켜 '연교'라고 부른답니다.

개나리처럼 색깔이 아름답고 향기로운 꽃들은 곤충들을 유혹해 수술의 꽃가루를 암술로 옮긴다고 해요.

지금부터 호수나 강에서 온 물이 우리가 마실 수 있는 **수돗물**로 만들어지기까지 어떤 **정수** 과정을 거치는지 알아볼까요?

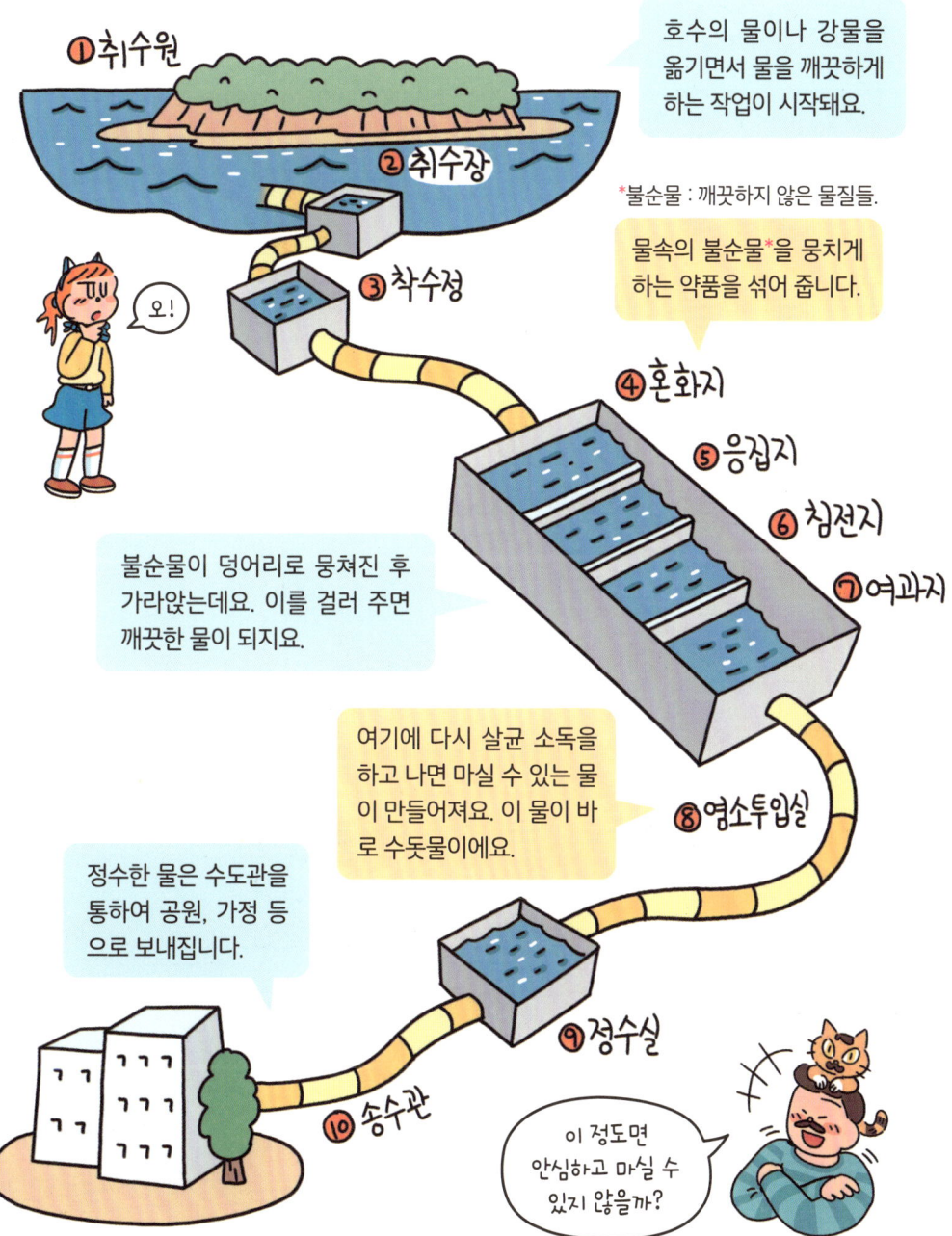

06 물을 뿌리면 왜 불이 꺼질까?

#소방관 #불 #산소

불은 어떻게 꺼지는 걸까냥?

물체에 불이 붙기 위해서는 탈 물질(물체), 산소, 탈 수 있을 만큼 높은 온도 이 세 가지가 필요해! 불은 이 중 하나라도 없으면 붙지 않아.

소방관들이 **불**을 끌 때 바로 이 세 가지를 이용해요. 불이 나면 먼저 호스로 물을 뿌려 타는 물질의 높은 온도를 낮추어요. 그 다음 타는 물질에 뿌려진 물이 **산소**를 막아 불씨가 더 붙지 않도록 해 불을 꺼요.

기름에 불이 붙어도 물을 뿌려요?

그때는 오히려 물을 뿌리면 안 돼. 불씨가 더 크게 살아나거든. 물보다 가벼우면서 물과 섞이지 않는 기름이 물 위로 튀어 오르기 때문이지.

기름에 불이 붙었다면 물 대신 모래 같은 것으로 불을 덮어 산소를 막아 불을 꺼야 해요.

07 안경을 끼면 잘 보이는 이유가 뭘까?

#근시 #오목렌즈 #안경

 우리의 눈은 빛을 굴절시켜 사물을 알아봐요. 사물을 볼 때 가까운 거리는 잘 보이는데 먼 거리는 흐릿하거나 잘 안 보일 때를 '**근시**', 사물이 겹쳐 보이고 흐릿하면 '**난시**', 먼 거리는 잘 보이는데 가까운 거리는 흐릿하거나 잘 안 보일 때를 '**원시**'라고 해요.

 지금부터 근시일 때 안경이 어떤 이유로 잘 보이게 되는지 알아보자냥!

 안경을 끼면 왜 잘 보이게 되나요?

 스마트폰, TV를 지나치게 자주 보면 멀고 가까운 것을 보는 데 문제가 생긴단다. 그럴 때 안경을 끼지.

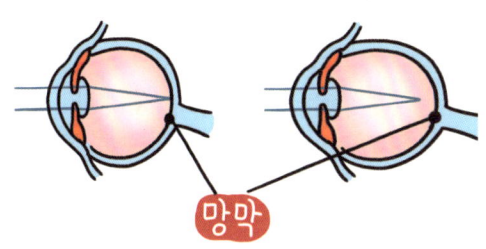

우리 눈은 들어온 빛이 망막에 맺힐 때 잘 보이게 돼요. 하지만 멀리 있는 게 잘 안 보이는 사람은 빛이 망막 앞에서 맺히게 되어요.

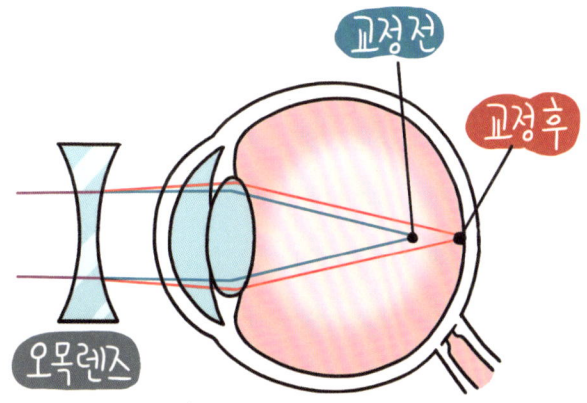

이때 **오목렌즈 안경**을 끼면 오목렌즈가 빛을 넓게 퍼지게 해요. 망막 앞에 맺히던 빛을 망막 쪽으로 옮길 수 있지요. 이렇게 오목렌즈 안경으로 교정하면 잘 보이지 않았던 먼 곳까지 잘 보이게 됩니다.

미세먼지 알갱이의 크기는 얼마나 작을까요?

머리카락 굵기의 5분의 1에서 7분의 1 정도니 엄청 작지!

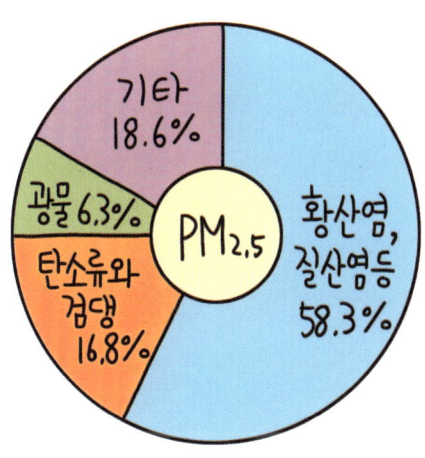

미세먼지에는 1급 **발암물질***로 알려진 황산염, 질산염, 탄소류 등이 들어 있어요. 그래서 미세먼지가 심한 날에 우리가 마음껏 숨을 내쉬거나 들이마신다면 위험할 수 있어요.

*발암물질 : 암을 일으킬 수 있는 물질.

미세먼지는 왜 생길까요? 그 이유는 미세먼지에 들어 있는 물질로 알 수 있어요. 앞서 말한 황산염, 질산염, 탄소류 등은 석유와 같은 연료를 태울 때 나오는 물질이지요. 공장에서 나오는 매캐한 연기, 자동차의 매연 등이 대표적인 원인으로 꼽혀요. 물론 우리나라뿐만 아니라 중국 등 이웃나라에서도 공기를 타고 날아오기도 해요.

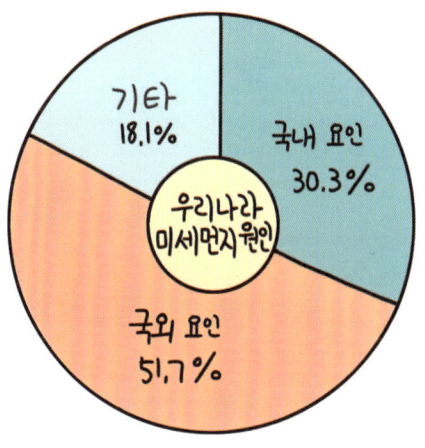

※출처 : 환경부(비율은 달라질 수 있음.)

 계곡 물이 어디까지 흘러갈까요?

 계곡을 따라 내려가면 시냇물이 나오고 더 아래로 가면 강이 나온단다. 그리고 이 강물은 흘러서 바다로 가지.

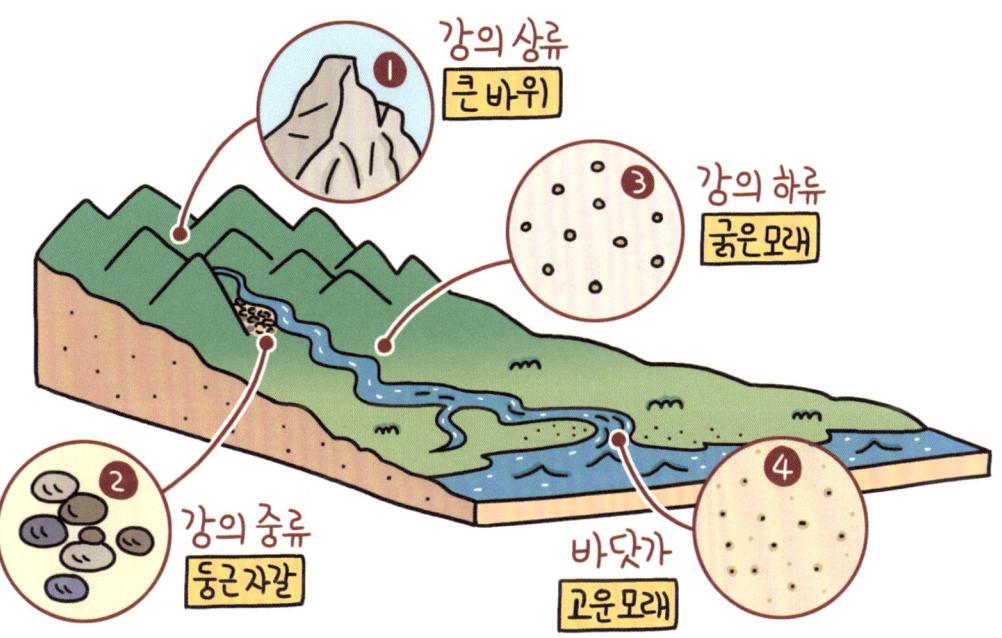

   강의 상류(❶)에는 큰 바위와 돌들이 많지만 강의 중류(❷)로 갈수록 둥근 자갈, 굵은 모래가 많아요. 그리고 강의 하류(❸)와 바닷가(❹)로 내려가면 이제 고운 모래를 볼 수 있어요. 이런 일들이 일어나는 이유는 큰 돌들이 물에 쓸려 아래로 내려가면서 물과 바람에 의해 점점 깎여 나가기 때문입니다. 큰 바위나 돌이 자갈로, 자갈이 모래로 변하는 것을 **풍화 작용**이라고 해요.

 봄의 밤하늘에는 어떤 별자리가 있는지 알아보자냥!

계절마다 하늘에 보이는 별자리의 모양을 보고 각각의 이름을 붙여 놓았어요. 그동안은 나라마다 이름이 달랐는데 1930년 국제천문연맹에서 별자리 이름을 통일했어요.

봄 별자리로는 큰곰자리, 작은곰자리, 목동자리, 까마귀자리, 사자자리, 처녀자리 등이 있어요. 그중 사자자리와 처녀자리가 가장 유명해요.

사자자리는 『그리스 신화』의 영웅인 헤라클레스를 기억하기 위해 만들었다고 해요. 헤라클레스가 늘 사자 가죽을 걸치고 다녔거든요.

처녀자리는 『그리스 신화』의 정의의 여신 아스트라이아를 기억하기 위해 만들었다고 해요. 아스트라이아는 인간의 정의를 위해 마지막까지 남아 있던 신으로 유명하지요.

🔍 **봄의 대삼각형**

봄의 대삼각형은 봄을 대표하는 사자자리, 처녀자리, 목동자리의 가장 밝은 별들을 이었을 때 나타나는 거대한 삼각형 모습입니다.

🔍 초성 퀴즈

다음 그림을 보고 초성의 단어를 맞혀보세요.

ㅁ ㅂ ㅇ

※힌트 : 구름 속에 있어요.

ㅂ ㄹ

※힌트 : 공기가 움직이는 것을 말해요.

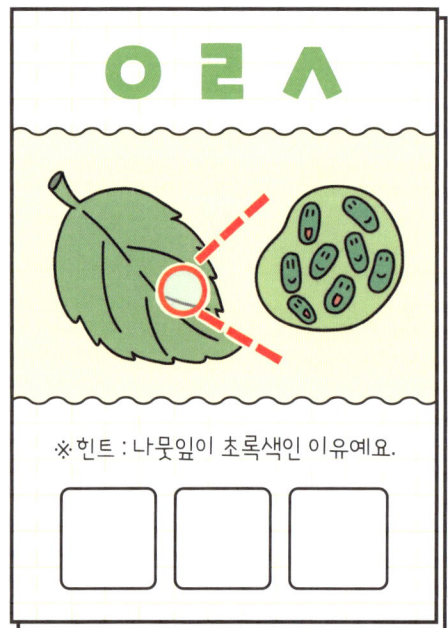

ㅇ ㄹ ㅅ

※힌트 : 나뭇잎이 초록색인 이유예요.

ㅅ ㅅ

※힌트 : 물을 뿌리면 이것을 막아 불이 꺼져요.

🔍 지그재그 낱말 잇기

아래의 단어를 가로, 세로, 대각선 방향으로 선을 이어 찾아보세요.

#봄비 #바람 #초록색 #수돗물 #소방차 #안경 #미세먼지

화	주	곰	봄	수	도	경	세	록	불
분	바	사	소	비	계	량	봄	초	살
봄	안	개	수	증	기	개	나	리	바
꽃	바	살	불	순	물	마	스	크	다
미	람	소	균	옥	유	리	안	경	아
안	비	나	경	초	람	산	소	니	청
수	녕	암	꽃	개	록	하	수	도	록
꽃	염	수	물	나	리	색	비	미	색
미	소	돗	정	화	소	기	세	방	소
불	세	물	연	계	곡	먼	별	하	매
엽	안	교	상	경	지	신	늘	자	연
록	소	방	차	광	합	성	먼	지	리
소	화	기	난	시	돌	근	시	불	씨

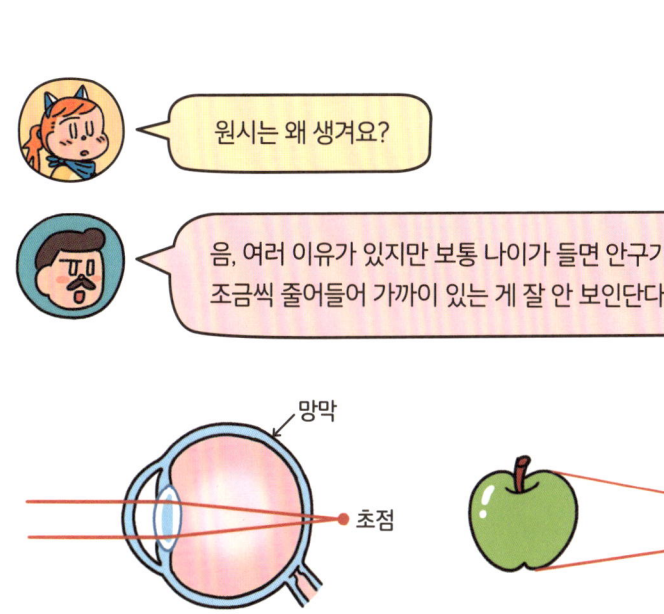

🔍 원시일 때

🔍 원시 교정 후

　우리 눈이 정상 시력일 때는 망막에 빛이 맺혀요. 그런데 **원시**가 되면 안구(눈의 안쪽 공간)의 앞뒤거리가 줄어들어 망막 뒤쪽에 빛이 맺히게 됩니다. 그렇게 되면 가까이 있는 글씨가 잘 보이지 않아요.

　원시를 바로 잡기 위해서는 **볼록렌즈** 안경을 끼면 돼요. 볼록렌즈는 빛을 모아 주기 때문에 망막 뒤쪽에 빛이 맺히는 것을 망막까지 끌어와 잘 보이게 할 수 있어요.

12 그림자는 왜 생길까?

#빛 #반사 #그림자

그림자가 궁금하냥? 하지만 그 전에 빛의 성질부터 알아야 한다냥! 빛은 곧게 뻗어 나가는 성질이 있는데 이를 **'빛의 직진'**이라 부른다냥! 어두운 밤 플래시로 하늘을 비추면 빛이 직선으로 나가는 것을 볼 수 있다냥!

빛은 직선으로 나가기 때문에 빛과 닿는 물체에 부딪혀요. 이때 물체가 투명한 물체라면 빛은 그 물체를 통과하기 때문에 그림자가 선명하게 생기지 않아요.

하지만 불투명한 물체라면 직선으로 뻗어 나가는 빛에 닿아 **반사***하거나 흡수되어 빛이 통과하지 못해요. 그래서 불투명한 물체 뒷면에는 어두운 부분이 생기게 되는데 이것이 바로 **그림자**예요.

*반사 : 튕겨져 나옴.

빛과 물체 사이의 거리가 멀수록 그림자는 작아지고 가까울수록 커져요.

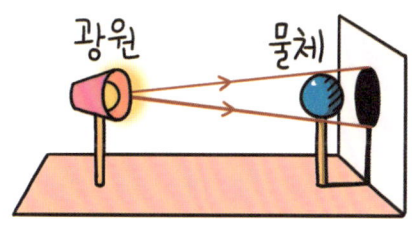

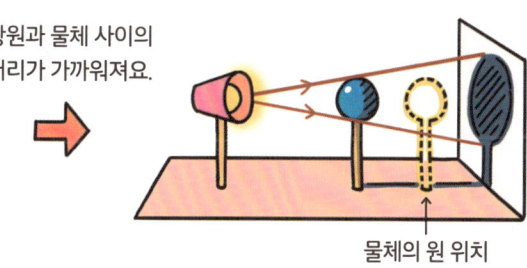

광원과 물체 사이의 거리가 가까워져요.

물체의 원 위치

37

13
타이어에 왜 공기를 넣게 되었을까?

 #자전거 #고무 타이어 #탄력성

존 보이드 던롭이 공기압 타이어로 된 자전거를 타는 모습

자전거에 적용된 **고무 타이어**는 고무의 **탄력성***뿐만 아니라 안에 든 공기 덕분에 바깥에서 오는 충격까지 흡수할 수 있어요. 그래서 예전보다 덜 흔들리고 안전하게 자전거를 탈 수 있답니다.

*탄력성 : 외부 힘에 의해 다양한 형태로 바뀌었다가 다시 본래 형태로 돌아오는 성질.

14. 생활 쓰레기, 어떻게 처리할까?

#생활 쓰레기 #재활용

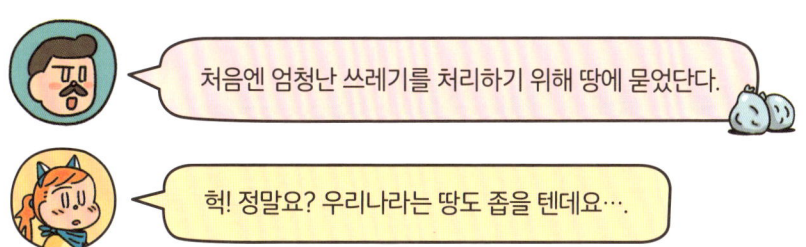

처음엔 엄청난 쓰레기를 처리하기 위해 땅에 묻었단다.

헉! 정말요? 우리나라는 땅도 좁을 텐데요….

많은 **생활 쓰레기**를 땅에 묻자 지하수가 오염되고, 고약한 냄새가 나기 시작했어요. 그래서 사람들이 사는 곳과 최대한 멀리 떨어진 곳에 파묻거나 불에 태웠지요. 그런데 쓰레기를 불에 태우니 돈도 많이 들고, 환경까지 파괴되는 문제가 생겼습니다. 그래서 태울 수 있는 것과 없는 것을 구분하고 최대한 쓰레기를 **재활용**하도록 분리하기 시작했어요.

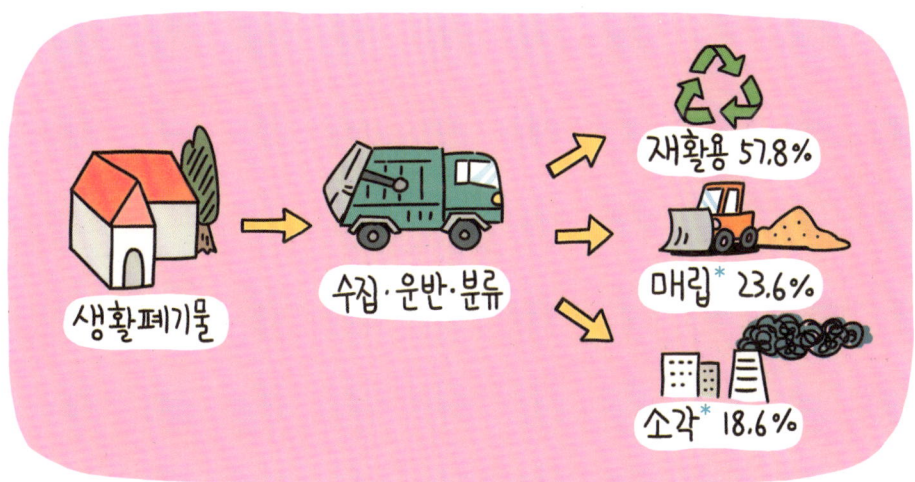

재활용 쓰레기는 비닐, 플라스틱, 종이, 캔, 병 이렇게 따로 분리해서 버려야 해요. 나머지 쓰레기와 음식물 쓰레기는 각각 알맞은 종량제 봉투와 음식물 쓰레기봉투에 넣어야 하지요.

*매립 : 땅에 돌이나 흙으로 채움.   *소각 : 불에 태움.

15 도대체 날씨는 왜 점점 더워지는 거야?

#지구 온난화 #온실 기체

아휴, 오늘 왜 이렇게 더워요?

날씨가 점점 더워지는 것은 지구 온난화와 관련이 있대.

지구 온난화요?

지구 온난화는 지구 대기층*에 지구를 따뜻하게 만드는 기체들이 쌓여 생기는 현상이야.

이산화 탄소 / 메탄 / 일산화 질소 / 태양열

산업 공정* / 에어컨 / 에너지 사용

음, 지구를 비닐하우스로 생각해 보렴.
비닐하우스 속은 겨울에도 따뜻해 식물을 기를 수 있어.
비닐하우스 속으로 들어왔다가 빠져나가는 태양열의 일부가
비닐에 부딪혀 남아 있기 때문이지. 지구도 마찬가지란다.

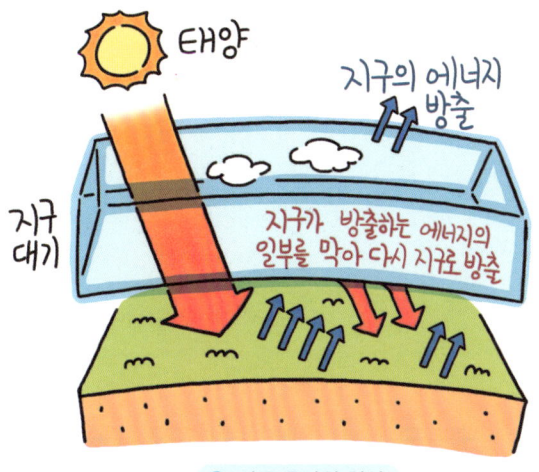

지구 온난화 현상

지구에 들어온 태양에너지는 다시 지구 밖으로 나가게 되는데요. 이때 공기 중에 이산화탄소, 메탄, 일산화질소 등과 같은 기체들이 많이 있다면 이 기체들이 지구로 빠져나가는 태양열의 일부를 막아 지구를 따뜻하게 만들어요. **지구 온난화** 현상은 이런 이유로 생겨나요.

지구 온난화를 일으키는 이산화탄소, 메탄, 일산화질소 등과 같은 기체를 **온실 기체**라고 부르는데요. 주로 자동차, 공장, 가정 등에서 발생돼요. 온실 기체가 계속 늘어난다면 날씨가 점점 더워져 가뭄과 같은 자연재해가 생겨나거나 식물이 잘 자랄 수 없는 환경이 된대요.

*지구 대기층 : 공기가 둘러싸고 있는 층.
*산업 공정 : 공장에서 제품을 만들 때 거치는 각각의 작업 단계.

 개구리가 올챙이일 때가 있는 것처럼 호랑나비도 똑같단다!

 정말요? 어떻게요?

 지금부터 호랑나비 알이 어떻게 나비가 되는지 알아보자냥!

호랑나비의 한살이

먼저, **호랑나비**가 낳은 알에서 애벌레가 나와요. 그리고 이 애벌레는 영양이 풍부한 자신의 알껍데기를 먹어 치웁니다.

애벌레는 새똥처럼 흑갈색을 띠다가 점점 초록색으로 변해요. 그러다 번데기가 되고, 나중에는 아름다운 호랑나비로 모습이 바뀝니다. 이를 호랑나비의 한살이라고 불러요. 자신의 생명을 보호하기 위해 계속 주변과 비슷한 색으로 몸 색깔을 변화시키는 것을 가리켜 **보호색**이라 합니다.

17 매미는 얼마 동안 살 수 있을까?

#매미 #짝짓기 #유충

왜 매미는 저렇게 시끄럽게 우는 걸까요?

급하다 급해! 시간이 없어~!

매미의 수명이 짧으니 얼른 짝짓기하려고 우는 거란다.

얼른 내 짝을 만나야 해!

꼭 성공하렴

수컷 매미가 울면 암컷 매미가 그 소리를 듣고 다가온다냥!

밥 먹자~

모든 매미가 다 우는 것은 아니란다.
수컷 매미만 시끄럽게 울고, 암컷 매미는 소리를 내지 못해.
그래서 암컷 매미가 수컷매미의 우는 소리를
듣고 찾아와 짝짓기를 하지.

매미의 수명은 한 달 정도로 짧아요. 그래서 그 안에 **짝짓기**를 해서 알을 낳아야 해요. 사실 매미의 전체 수명을 한 달이라고 콕 집어 말할 수는 없어요. 매미는 알에서 나온 뒤 땅속 **유충**(애벌레)으로 3년~17년을 살거든요. 어른 매미가 되면 그 이후로 한 달 정도를 더 사는 것이에요.

🔍 매미의 한살이

 번개 치는 원리가 궁금하냥?

구름 속에 번개의 비밀이 숨어 있어요. 구름 안에는 얼음 알갱이와 물 알갱이가 섞여 있는데요. 이때 얼음 알갱이는 +전기, 물 알갱이는 −전기를 띠어요. 그런데 얼음이 물보다 가볍기 때문에 구름의 위쪽은 +전기, 아래쪽은 −전기를 띠지요. 이렇게 하늘에서 +전기와 −전기가 서로 만나 번쩍거리는 불빛을 가리켜 **번개**라고 해요. 그리고 번개가 칠 때 울리는 소리를 **천둥**이라 불러요.

구름 아래쪽의 −전기가 땅 쪽의 +전기와 만나 전기를 일으키는 것을 **벼락**이라 합니다.

번개와 천둥은 하늘에서 일어나지만 벼락은 땅에 떨어지기 때문에 더 무서운 것 같아요.

더워지면 몸에 땀이 나는 이유는 뭘까냥?

땀은 우리 몸의 열과 상관있어요. 우리 몸은 건강을 위해 일정한 온도를 유지해야 해요. 그래서 몸에 열이 오를 때 일정한 온도를 지키려 땀을 내보내요.

땀은 대부분 물로 이루어져 있어서 땀이 나면 증발*하기 시작해요. 물이 증발하면 수증기로 변하는데요. 이때 물이 가지고 있는 열에너지보다 수증기가 가지고 있는 열에너지가 더 높아요. 그래서 물이 수증기로 변하기 위해서는 열을 더 많이 보태야 해요. 땀이 증발할 때 보태 줄 열은 땀 주변에 있는 열을 빼앗아 와야 합니다.

결국, 땀이 증발하면서 주변 열을 빼앗다 보니 땀 난 곳의 온도가 낮아져 시원하다고 느껴요. 이렇게 땀을 내서 몸의 열을 내리면 우리 몸은 다시 일정한 온도로 유지할 수 있지요.

*증발 : 액체 상태에서 기체 상태로 변함.

20 여름 하늘의 별자리가 궁금해!

#여름 별자리 #여름의 대삼각형

우주에 떠 있는 별의 개수는 셀 수 없을 만큼 많다냥. 그 수많은 별들이 어우러져 여름 밤하늘의 별자리를 만들어 낸다냥!

여름을 대표하는 별자리에는 거문고자리, 백조자리, 독수리자리, 궁수자리, 돌고래자리, 뱀주인자리 등이 있어요.

여름 별자리 중 거문고자리가 가장 유명해요. 『그리스 신화』에 나오는 전령의 신 '헤르메스'와 관련 있기 때문이에요. 헤르메스는 거북 껍질과 소의 창자로 하프를 만들어서 아폴론에게 선물했는데 이 하프가 마치 거문고를 닮았다 해서 붙여진 이름이에요. 또 백조자리와 독수리자리는 『그리스 신화』에 나오는 신들의 왕 '제우스'가 각각 백조와 독수리로 변신했다는 모습을 상상해 붙인 이름이라고 해요.

🔍 **여름의 대삼각형**

여름의 대삼각형은 여름을 대표하는 거문고자리와 백조자리, 독수리자리의 가장 밝은 별들을 이었을 때 나타나는 거대한 삼각형 모습을 말합니다.

가을

쌀쌀한 가을날, 공원 바닥에 이리저리 낙엽이 뒹굴고 있어요.
단풍잎이 어떻게 알록달록 물드는지, 그리고 나뭇잎이 왜 떨어지는지 궁금하지 않나요?
지금부터 가을에 만나는 과학 이야기를 알아봐요.

　초록색 잎 속에는 초록색을 나타내는 엽록소만 들어 있는 게 아니라 노란색을 나타내는 카로틴, 갈색을 나타내는 크산토필처럼 여러 가지 **색소**가 들어 있어요.

　여름에는 주로 엽록소가 활발히 활동하니 초록색을 띠지만, 가을이 되면 햇빛의 양도 적어지고, 날씨도 쌀쌀해져 엽록소의 활동이 줄어들어요. 그래서 초록색이 점점 사라지고 남아 있던 카로틴이나 크산토필이 드러나 노란색, 갈색의 **단풍잎**으로 보이게 됩니다.

　한편, 붉은 단풍잎은 안토시아닌 색소 때문에 나타나요. 안토시아닌은 원래 남아 있던 색소가 아니라 단풍나무에서 새롭게 만들어지는 색소예요. 그래서 노란 단풍잎이나 갈색 단풍잎과는 차이가 있답니다.

 나뭇잎은 나무가 살아가는 데 매우 중요한 일을 한단다. 바로 식물의 에너지인 포도당을 만드는 일이지!

 이를 광합성이라 한다냥!

나뭇잎이 만들어 내는 **포도당**은 나무의 줄기와 뿌리를 살아가게 합니다. 하지만 겨울이 되면 이야기가 달라져요. 왜냐하면 겨울은 햇빛도 약하고 영하로 내려가는 날씨 때문에 무척 춥기 때문이에요. 겨울에 나뭇잎은 포도당을 만드는 것도 힘들고, 추운 날씨로 얼어붙을 수 있어 나무에게 큰 피해를 줍니다.

그래서 나무는 잎을 떨어뜨리기로 결정하지요. 그때부터 나무의 줄기는 나뭇잎으로 가는 영양분을 막습니다. 그리고 땅으로 떨어져요. 이를 우리는 **낙엽**이라 부릅니다.

*떨켜층 : 나뭇잎이나 열매가 떨어지기 전, 줄기와 연결된 부분에 생기는 세포층. 엽록소가 줄기나 가지로 흘러드는 것을 막는 역할임.

23 자동차 매연은 어떻게 하면 줄일까?

#매연 #촉매 변환기

 자동차의 매연은 왜 생기냥?

자동차는 휘발유 또는 경유와 같은 연료가 든 엔진의 힘으로 달립니다. 엔진 속 연료에 불이 붙으면 산화질소, 탄화수소, 일산화탄소 등이 포함된 **매연***도 함께 발생해요. 매연이 공기 중으로 그대로 다 나가 버리면 공기는 엄청 오염되고 말 거예요. 이를 막기 위해 자동차에는 매연을 줄이는 **촉매 변환기**라는 장치가 달려 있답니다.

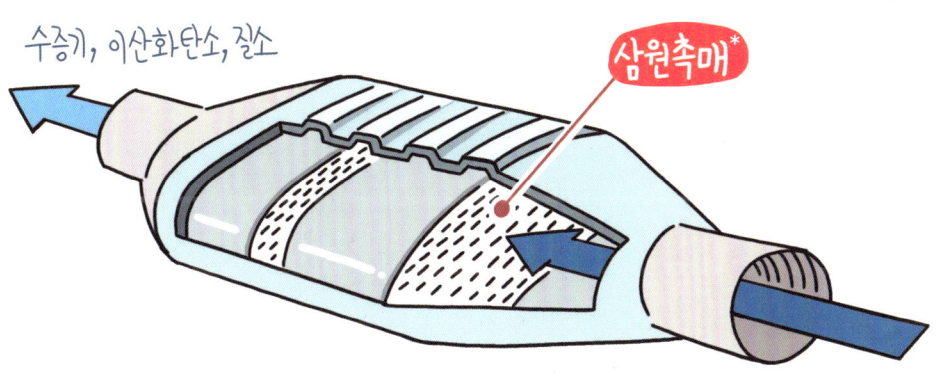

*매연 : 연료가 탈 때 생기는 매캐한 연기로, 공기 오염 물질임.
*삼원촉매 : 자동차의 배출 가스를 정화하는 장치 중 하나임.

공기를 오염시키는 물질인 이산화질소, 일산화탄소, 탄화수소 등의 기체가 이 촉매 변환기를 통과하면 사람 몸에 해롭지 않은 질소, 이산화탄소, 수증기 등으로 바뀌기 때문에 매연도 확 줄어든단다!

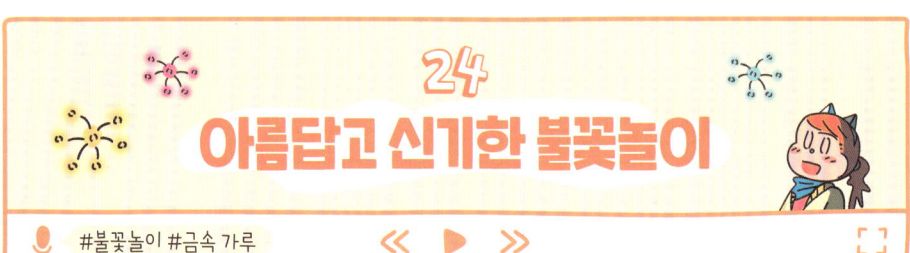

 불꽃놀이가 무엇이냥?

 불꽃놀이는 금속의 연소 반응을 이용한 놀이란다.

 연소 반응이요?

 연소 반응은 어떤 물질이 산소와 결합하여 격렬한 불꽃을 일으키는 반응이지.

불꽃놀이를 위한 폭죽 안에는 색을 내는 물질인 **금속 가루***가 들어 있어요. 화약 폭발로 금속 가루에 불이 붙으면 여러 색깔의 불꽃을 일으켜요. 그 이유는 금속 안에 있는 전자(원자의 구성 성분 중 하나) 때문이에요. 이 전자가 가열되면 들떠서 높은 에너지 상태로 갔다가 다시 안정된 상태로 돌아오려 하는데 이때 강한 에너지가 나오면서 여러 색깔의 불꽃을 일으키지요.

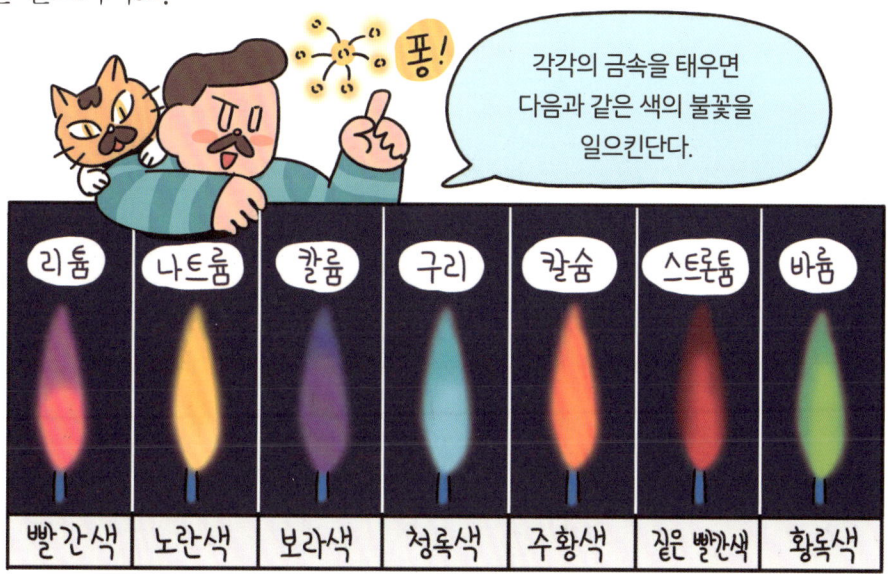

각각의 금속을 태우면 다음과 같은 색의 불꽃을 일으킨단다.

리튬	나트륨	칼륨	구리	칼슘	스트론튬	바륨
빨간색	노란색	보라색	청록색	주황색	짙은 빨간색	황록색

*금속 가루 : 불에 잘 타게 하려고 금속을 고운 가루 형태로 만듦.

25
버스가 서면 몸이 왜 앞으로 기울까?

#관성

 관성이 뭐냥?

관성은 정지하고 있거나 운동하고 있는 물체에 어떠한 힘이 작용하지 않을 때, 그 물체가 현재의 운동 상태를 그대로 유지하려는 성질을 말합니다.

버스를 탈 때 이 관성이 그대로 나타나요. 버스에 타고 가고 있는데 갑자기 버스가 끽 서면 우리의 몸이 가던 방향으로 기울어요. 그 이유는 우리가 계속 앞으로 가던 운동 상태를 그대로 유지하려는 관성이 작용했기 때문이에요.

반대로 우리가 버스 안에 멈춰 서 있는데 버스가 갑자기 출발하면 어떻게 될까요?

이때도 마찬가지로 우리가 서 있던 운동 상태를 계속 유지하려는 관성 때문에 우리의 몸이 뒤로 기울게 된답니다.

26 밤이 되면 왜 이렇게 추운 거야?

#환절기 #고기압

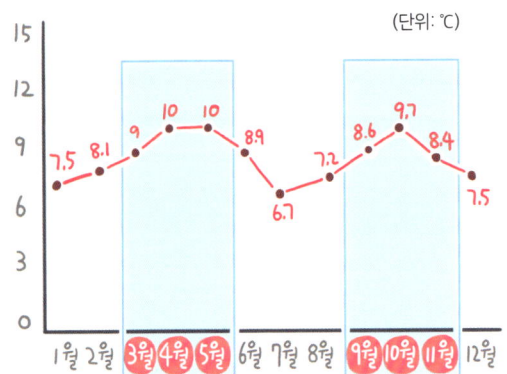

우리나라는 **환절기**(계절이 변하는 시기)인 봄, 가을에 낮과 밤의 기온 차이가 큽니다.

환절기에 기온 차이가 많이 나는 이유는 바로 **고기압**과 관련 있습니다.

*일교차 : 기온, 습도, 기압 등 하루 동안 변하는 차이.

기압은 어떤 높이의 공기가 땅바닥을 누르는 힘을 말하며, 고기압은 주변보다 상대적으로 높은 기압을 뜻해요.

우리나라는 계절에 따라 위 고기압들의 영향을 받고 있어요. 여름에는 주로 북태평양 고기압이 들어와 덥고 습한 날씨가 계속되고 겨울에는 주로 시베리아 고기압이 들어와 춥고 건조한 날씨가 계속됩니다. 그러나 봄과 가을처럼 환절기에는 큰 고기압의 영향은 덜 받게 되고, 태양의 영향은 더 많이 받게 됩니다. 그래서 태양이 뜨거운 낮에는 덥고, 태양이 없는 밤에는 추워져요. 그나마 구름이 많이 낀 날이면 구름이 온실 같은 역할을 해서 낮과 밤의 기온 차이가 크게 나지 않아요.

27 가을 하늘이 왜 더 푸를까?

#빛의 산란

태양으로부터 오는 빛은 무색인 것처럼 보이지만 사실 일곱 가지 무지개 색이에요. 이 빛이 지구로 들어오면서 공기 중의 질소, 산소 등과 같은 기체와 부딪혀 여러 방향으로 흩어지는데, 이를 **'빛의 산란'**이라고 불러요. 우리 눈은 바로 이 산란되는 빛의 색을 보는 것입니다.

빛이 공기와 부딪힐 때 파란색이나 보라색 빛이 훨씬 더 많이 산란되기 때문에 하늘이 파랗게 보여요. 만약 공기 중에 먼지, 수증기, 오염 기체들이 많다면 하늘의 파란빛은 줄어들어요.

하지만 가을이 되면 건조한 이동성 고기압이 와서 공기 중의 수증기는 물론, 먼지와 오염 기체들을 줄이는 역할을 해요.

냇물이나 강물, 바닷물처럼 땅 위에 있는 물은 그냥 가만히 있지 않고 끊임없이 **증발**하고 있어요.

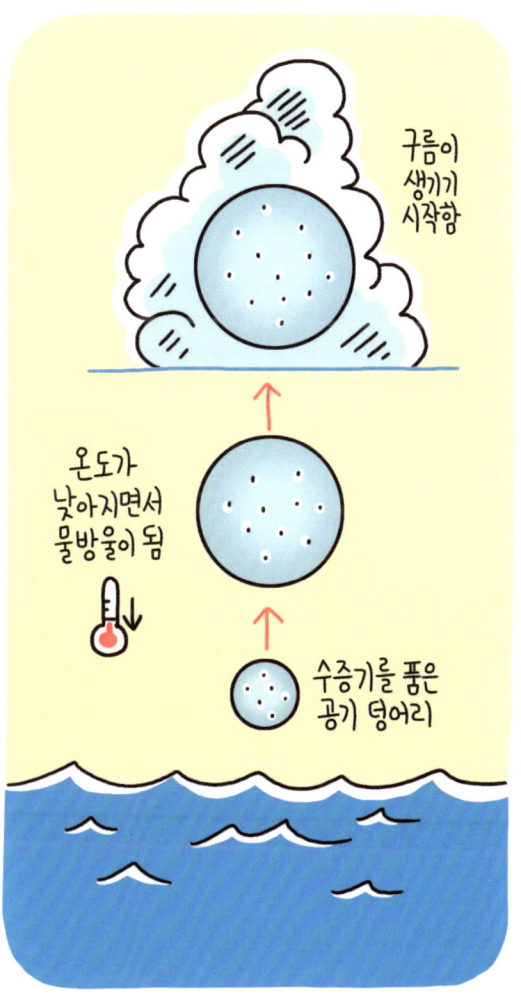

하늘로 올라간 수증기는 높이 올라갈수록 온도가 점점 낮아져 다시 액체인 **물방울**로 변해요. 수증기는 온도가 낮아지면 물방울로 맺히는 성질이 갖고 있기 때문이에요.

이렇게 하늘 높은 곳에서 물방울이 많이 모여 뭉쳐지면 **구름**이 된답니다.

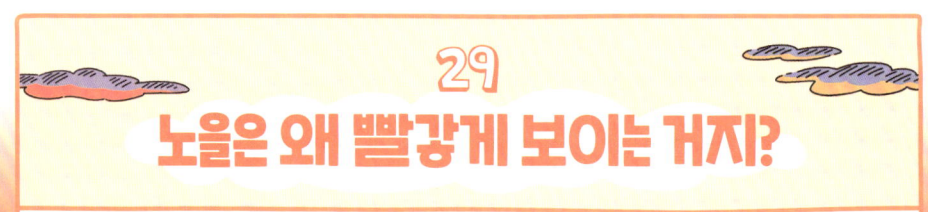

 **붉은 노을은 왜 생기는 거냥?**

붉은 **노을**이 생기는 이유를 알아보기 위해서는 먼저 **빛의 파장**에 대해 알아야 해요. 파장이란 빛이 떨리는 길이를 말하는데 파장이 짧을수록 강한 빛이고, 길수록 약한 빛이에요. 태양 빛은 일곱 색깔을 가지고 있으며 빨간색의 파장이 가장 길고, 파란색으로 갈수록 짧아져요.

🔍 한낮

태양이 머리 위와 가까이 있는 한낮에는 태양 빛이 강해서 파장이 짧은 파란색 빛이 더 많이 흩어져요(산란). 그렇기 때문에 하늘이 파랗게 보이는 것입니다.

반대로 저녁에는 태양이 기울어져 태양 빛이 약해지므로 파장이 긴 **빨간색** 빛이 더 많이 흩어져(산란) 하늘이 빨갛게 보입니다.

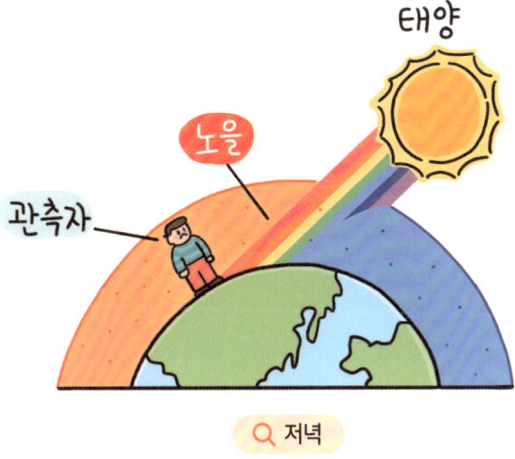

🔍 저녁

30
가을 하늘의 별자리가 궁금해!

#가을 별자리 #가을의 대사각형

가을 별자리에는 염소자리, 물고기자리, 물병자리, 페르세우스자리, 페가수스자리, 안드로메다자리, 양자리 등이 있어요. 그중 안드로메다자리가 가장 유명해요.

안드로메다는 『그리스 신화』에서 에티오피아의 공주로 등장해요. 안드로메다는 괴물의 제물이 되어 죽을 뻔하다 영웅 페르세우스에 의해 구출되지요. 그래서 안드로메다자리는 안드로메다 공주가 쇠사슬로 묶여 있는 모습을 상상해 만들어졌다고 해요.

가을의 대사각형은 가을을 대표하는 안드로메다자리의 밝은 별과 페가수스자리의 가장 밝은 별 세 자리를 이었을 때 나타나는 거대한 사각형 모습을 말합니다.

숨은 낱말 찾기 퀴즈

아래 문제의 답을 흩어진 낱말 상자 속에서 찾아 적으세요.

문장 완성 퀴즈

괄호 안을 채워 문장을 완성해 보세요.

노란 단풍잎은 쌀쌀해진 날씨 때문에 녹색의 색소가 없어지면서 남아 있던 ◯◯ 색소가 드러난 거예요.

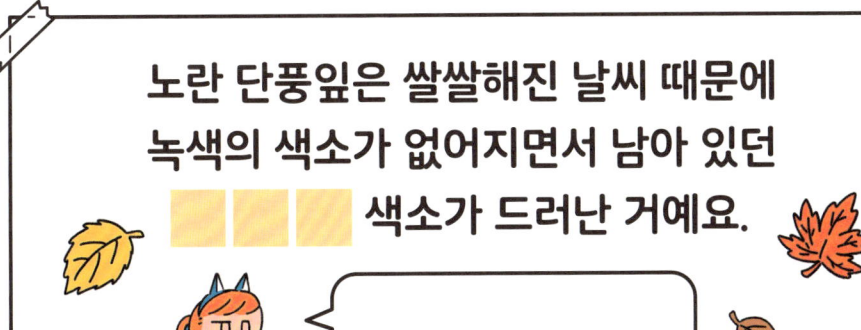

낮에는 더운데 밤이 쌀쌀해지는 ◯◯◯ 에는 특히 감기를 조심해야 해요.

버스가 갑자기 설 때 몸이 앞으로 기우는 것은 계속 앞으로 가려는 ◯◯ 때문이에요.

겨울

추운 겨울날, 길거리에 파는 붕어빵은 참 맛있어요.
그런데 붕어빵 속에도 과학이 숨어 있대요.
입김이 하얗게 나올 정도로 춥지만 겨울에 만나는
과학 이야기를 알아봐요.

31 꽁꽁 언 빙판은 어떻게 녹일까?

#염화칼슘 #빙판

 염화칼슘이 궁금하냥?

눈을 녹일 때 자주 쓰이는 **염화칼슘***은 공기 중에 있는 물(습기)을 빨아들여서 스스로 녹는 성질이 아주 강해요. 자신의 무게보다 14배 이상의 물을 빨아들일 정도예요.

먼저, **빙판**에 뿌린 염화칼슘이 얼음의 습기를 빨아들이면서 얼음을 1차적으로 녹이기 시작해요. 그리고 염화칼슘도 함께 녹으면서 열이 발생합니다. 이때 빙판의 얼음이 다시 한 번 또 녹기 때문에 빙판을 더욱 효과적으로 없앨 수 있지요.

또, 염화칼슘이 녹은 물은 어는 온도가 낮아지기 때문에 다시 추워져도 잘 얼지 않게 된답니다.

*염화칼슘 : 화학 원소 중 염소(Cl)와 칼슘(Ca)이 반응해 만들어진 하얀 고체 가루.

32 핫팩은 어떻게 열을 낼까?

#핫팩 #산화 반응 #촉매

핫팩은 포장지를 뜯는 순간부터 8~10시간 정도 열이 계속됩니다. 이 안에는 철가루, 소금, 활성탄, 톱밥, 질석, 그리고 소량의 물(습기)이 들어 있습니다.

 핫팩의 포장지를 뜯어 문지르거나 흔들면 아래와 같은 반응이 일어난단다.

이렇게 철의 **산화 반응*** 때문에 발생하는 열로 핫팩이 따뜻해져요.

 핫팩의 열이 10시간 정도 계속되는 이유는 뭘까요?

 핫팩 속 철과 산소의 반응이 매우 천천히 일어나기 때문이야. 그리고 포장지를 열자마자 금세 따뜻해지는 것은 **촉매***인 활성탄과 소금이 철의 산화 반응을 빠르게 잘 일어나도록 도와서 그렇단다. 핫팩 안에 든 톱밥과 질석도 열이 새지 않게 해 10시간 가까이 열을 낼 수 있단다.

*산화철 : 녹슨 철, 철과 산소가 일정 비율로 결합한 물질.
*산화 반응 : 어떤 물질이 산소와 결합하는 반응.
*촉매 : 자신은 변하지 않으면서 화학 반응을 빠르게 일어나도록 도움.

33. 얼음은 어떻게 물에 동동 뜰까?

#얼음 #부피

예를 들면 2리터(L) 생수의 무게는 물일 때나 **얼음**일 때나 마찬가지로 2킬로그램(kg)이에요. 하지만 냉동고에 얼렸을 때는 **부피**가 더 커져요. 다시 말해 물과 얼음의 무게는 같은데 얼음의 부피가 더 크다면 그건 얼음이 물보다 가볍다는 뜻이에요.

물이 얼음으로 될 때 부피가 커지는 이유는 뭐예요?

그 이유는 아래의 그림처럼 알갱이 모양을 비교해 보면 알 수 있단다.

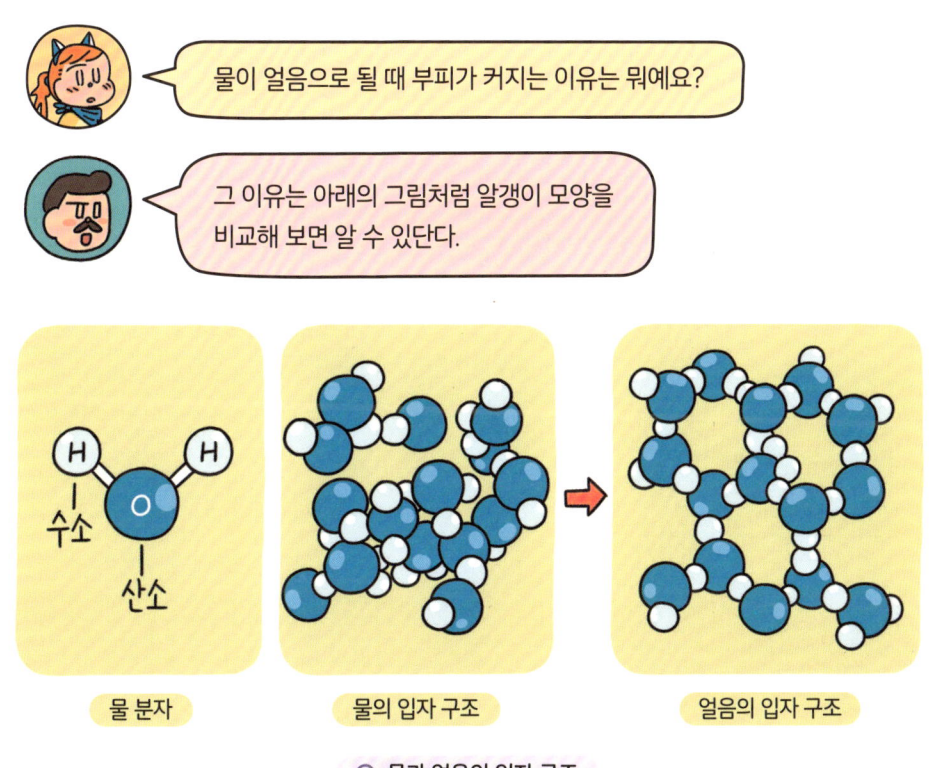

🔍 **물과 얼음의 입자 구조**

물일 때는 촘촘한 구조를 하고 있지만 얼음이 되면 육각형 모양으로 변해 오히려 빈 공간이 더 커져요. 이런 이유로 같은 무게일 때 얼음의 부피가 물보다 더 커지는 것이지요. 그리고 얼음은 물보다 더 가벼워지니 얼음이 물 위에 뜨는 것은 당연한 일이에요.

34
붕어빵에도 과학이 있다고?

#붕어빵 #마이야르 반응

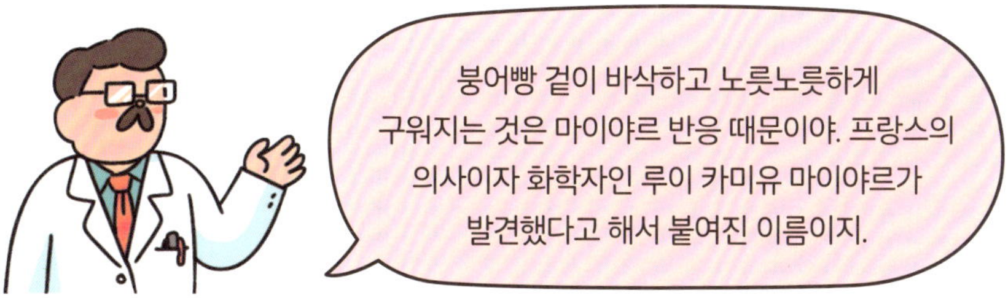

붕어빵 겉이 바삭하고 노릇노릇하게 구워지는 것은 마이야르 반응 때문이야. 프랑스의 의사이자 화학자인 루이 카미유 마이야르가 발견했다고 해서 붙여진 이름이지.

마이야르 반응은 식품을 130~200도(℃)로 가열하면 식품 속의 당과 아미노산이 반응하여 식품이 갈색으로 변하면서 여러 향기와 맛있는 성분들을 만들어 내는 반응을 말해요. 이때 수분이 빠지면서 바삭하게 구워지는 효과도 난답니다.

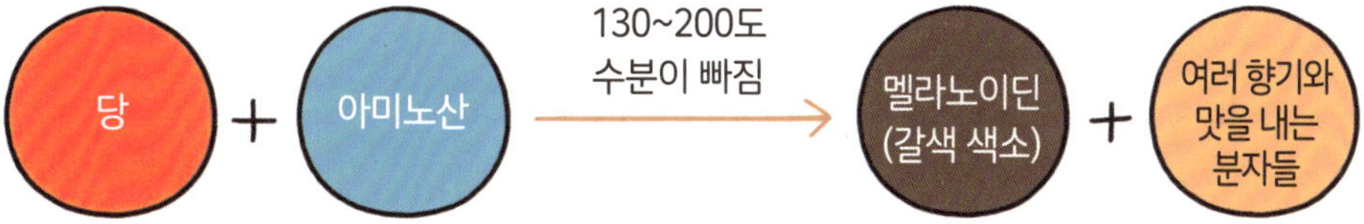

당 + 아미노산 →(130~200도 수분이 빠짐) 멜라노이딘(갈색 색소) + 여러 향기와 맛을 내는 분자들

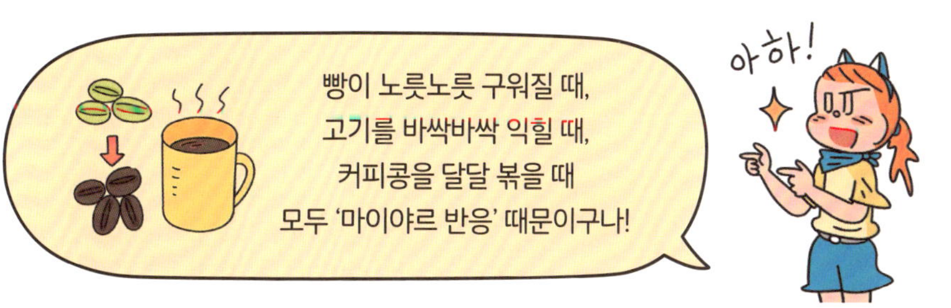

빵이 노릇노릇 구워질 때, 고기를 바싹바싹 익힐 때, 커피콩을 달달 볶을 때 모두 '마이야르 반응' 때문이구나!

아하!

35 나무는 추운 겨울을 어떻게 버텨?

#세포 #농도

나무는 겨울이 되면 가장 먼저 숨 쉬는 것과 **세포**(생물을 이루는 기본 단위) 내 물의 양을 줄이는 작업부터 해요. 이렇게 에너지의 사용을 줄이면 세포에 남아 있는 당과 지질(기름 성분) 같은 물질들이 많아집니다. 그래서 세포 내 액체의 농도가 진해져 나무는 얼지 않아요. **농도**는 용액(물에 다른 물질이 섞여 있는 상태)의 진함과 묽음 정도를 말해요.

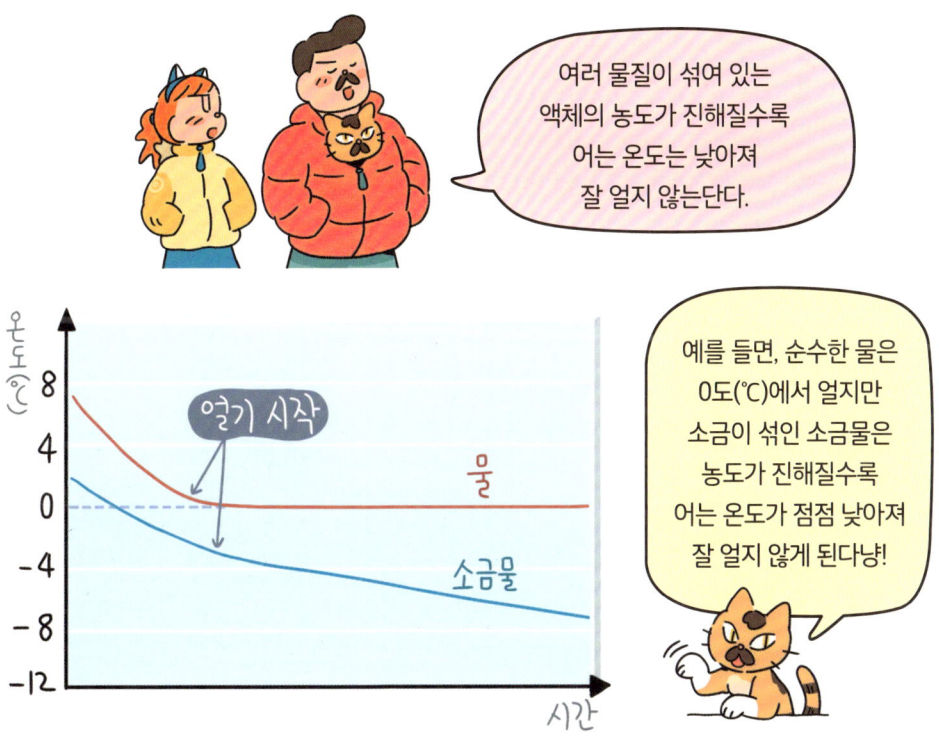

세포 바깥 부분에 있는 수분의 경우, 얼긴 하지만 여기에 열이 빠져나가는 것을 막아 주는 물질도 함께 섞여 있어요. 그래서 이 바깥 얼음이 빠져나가려는 열을 막아 주어 나무는 날씨가 영하 40도(℃)여도 얼어 죽지 않는 거예요.

36
메아리는 왜 되돌아와?

#소리 #메아리 #진동

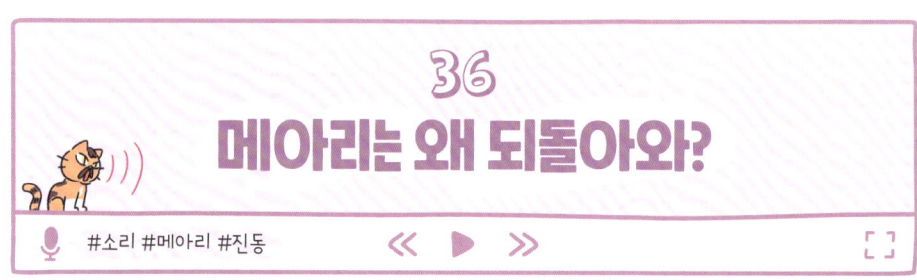

　소리가 튕겨서 되돌아오는 것은 단단한 벽에 부딪힐수록 잘 일어나요. 그래서 높은 산의 절벽들은 매우 단단하니 **메아리**도 잘 생깁니다. 하지만 소리가 스펀지 같은 것에 부딪히면 소리의 **진동**이 스펀지에 흡수되어 메아리가 생기지 않아요.

개구리는 주변의 온도에 따라 몸의 온도가 달라지는 동물이란다.

그래서 기온이 영하로 내려가면 몸이 어는 것을 막기 위해 자신의 몸속 세포 용액을 더욱 진하게 만들어. 진한 소금물이 잘 얼지 않는 이유와 비슷하지.

개구리는 겨울잠을 잘 때 몸속 대부분의 기능을 멈추고 자서 죽은 것처럼 보인다냥!

개구리와 달리 곰, 다람쥐와 같이 몸의 온도가 일정한 동물은 숨쉬기를 줄여 **겨울잠**을 자요. 다람쥐는 평소 1분에 150번 정도 심장이 뛰지만 겨울잠을 잘 때는 1분에 5번 정도로 줄여 뜁니다. 이는 에너지 사용을 줄이기 위해서랍니다. 이렇듯 동물들은 날씨가 춥고, 먹이가 부족한 겨울을 잘 보내기 위해 겨울잠을 잡니다.

🔍 겨울잠을 자는 동물

38 눈은 어떻게 내리는 거야?

#눈 #얼음 결정

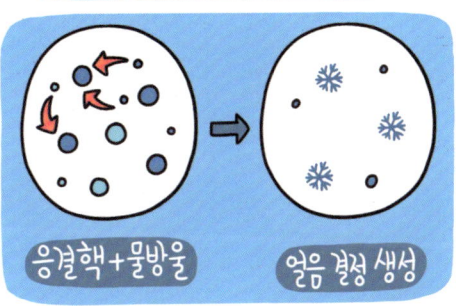

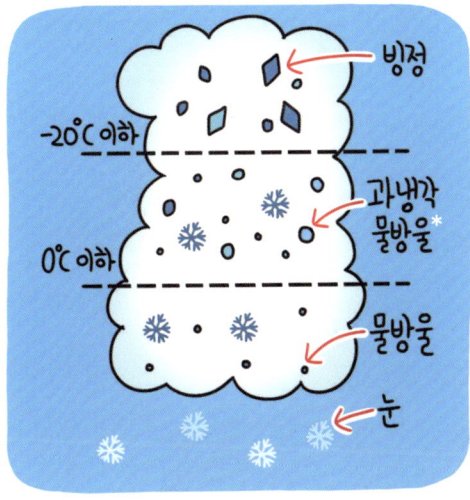

수증기가 하늘로 올라가면 얼게 되는데 이때 언 부분을 중심으로 다시 주변의 물방울들을 뭉쳐 끌어 모아요. 이때 **눈** 모양의 **얼음 결정**(얼음 알갱이)이 만들어져요.

구름 속에는 이렇게 만들어진 눈 모양의 얼음 결정과 물방울들이 한데 섞여 있는 상태가 되지요.

이제 이 얼음 결정이 뭉치고 뭉쳐 공기보다 무겁게 되면 아래로 떨어지기 시작해요. 이것이 바로 우리가 보는 눈이에요.

이 눈이 따뜻한 지방에 떨어지면 비가 되고, 추운 지방에 떨어지면 그대로 눈이 되지요.

*이슬점 : 공기 중 수증기가 한데 뭉쳐 물방울이 되기 시작할 때의 온도.
*응결핵 : 대기 중에서 수증기가 한데 뭉쳐 구름이 될 때 그 중심이 되는 작은 알갱이.
*과냉각 물방울 : 물이 0℃ 이하의 온도에서도 얼지 않고 액체 상태로 존재하는 물방울.

39
계절이 바뀌는 게 신기해!

#지구의 공전 #사계절

사계절이 생기는 이유는 지구가 약간 기울어진 채 태양 주위를 돌기 때문이에요.

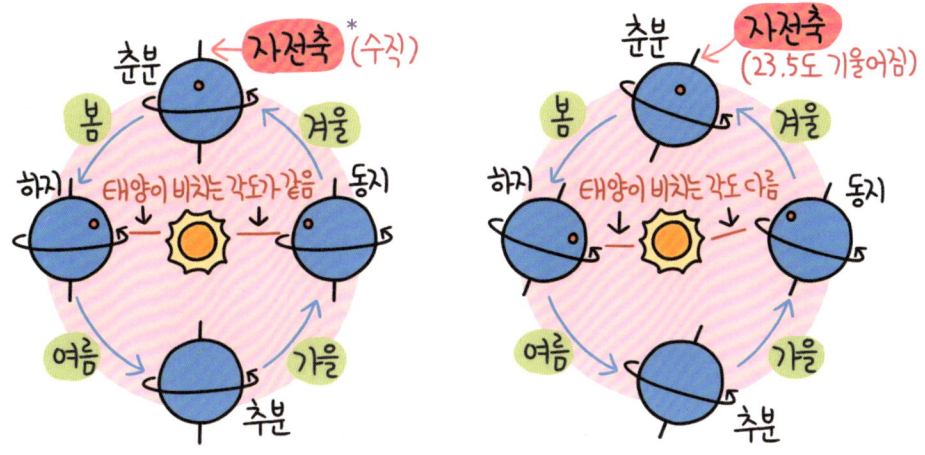

*자전축 : 천체가 자기 자신을 중심으로 회전 운동할 때의 중심.

우리나라를 기준으로 볼 때 만약 지구가 기울지 않고 수직으로 태양 주위를 돈다면 태양이 비치는 각도가 모두 같아 사계절은 나타나지 않아요. 하지만 지구가 기울어진 채 태양 주위를 돌면 여름에는 태양에 가까워 더워지고, 겨울에는 태양에서 멀어져 추워져요. 물론 봄과 가을은 중간 위치에 있기 때문에 그 중간 온도를 나타내는 것이고요.

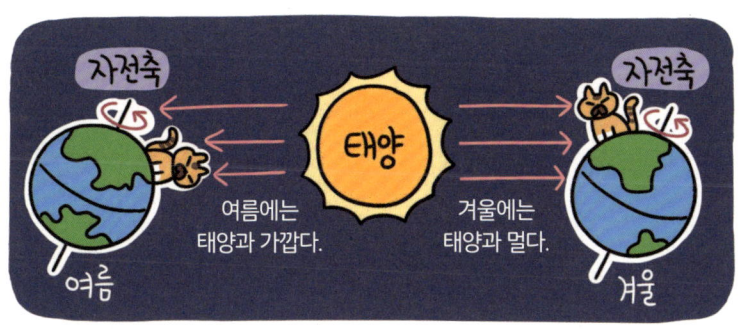

겨울 별자리에는 오리온자리, 쌍둥이자리, 큰개자리, 작은개자리, 황소자리 등이 있어요. 별자리 중 오리온자리가 가장 유명해요. 그 이유 중 하나가 바로 우리 눈에 가장 잘 보이는 별자리이기 때문이에요. 『그리스 신화』에서 오리온은 거인이자 미남 사냥꾼으로 늘 곤봉과 사자 가죽, 장식띠(벨트), 칼 등을 들고 다녔어요. 그가 죽은 후 오리온자리가 되었다고 해요.

쌍둥이자리는 이름처럼 양쪽의 별이 대칭이에요. 나라마다 이 쌍둥이자리를 보는 방법이 다르대요. 이집트에서는 한 쌍의 염소로, 아랍에서는 한 쌍의 공작으로, 로마에서는 로마를 세운 로물루스와 레무스로 본다고 합니다.

겨울의 대육각형은 쌍둥이자리, 작은개자리, 큰개자리, 오리온자리, 황소자리, 마차부자리의 가장 밝은 별을 이었을 때 나타나는 거대한 육각형 모습을 말합니다.

🔍 그림 단어 퀴즈

다음 그림을 보고 떠오르는 단어를 적어 보세요.

🔍 단어 완성 퀴즈

빈 괄호에 알맞은 단어로 완성시켜 보세요.

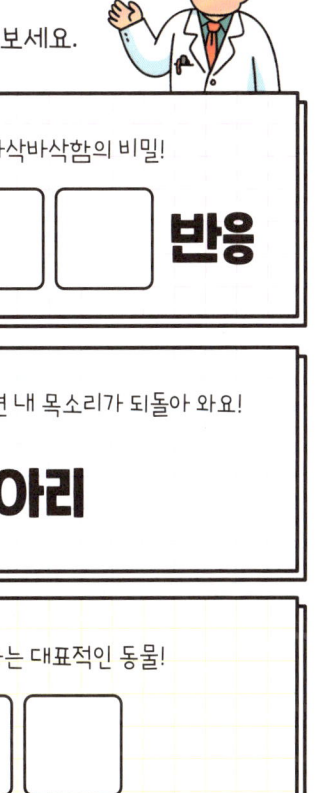

※힌트 : 붕어빵의 바삭바삭함의 비밀!

☐ ☐ ☐ ☐ **반응**

※힌트 : 산꼭대기에서 외치면 내 목소리가 되돌아 와요!

☐ **아리**

※힌트 : 겨울잠을 자는 대표적인 동물!

개 ☐ ☐

※힌트 : 수증기가 하늘로 올라가 얼면?

얼음 ☐ ☐

※힌트 : 양쪽 별이 서로 대칭되어 있어요!

☐ ☐ ☐ **자리**

103

보너스 퀴즈 1

🔍 끝말잇기 퀴즈

주어진 단어를 보고 끝말잇기를 해 보세요.
친구들과 함께해 보아도 좋아요! 가장 빨리 완성한 사람은 누구?!

나무 〉 무 〉 ▢
▢ 〉 ▢ 〉 ▢

여우 〉 우 〉 ▢
▢ 〉 ▢ 〉 ▢

매미 〉 미 〉 ▢
▢ 〉 ▢ 〉 ▢

번개 〉 개 〉 ▢
▢ 〉 ▢ 〉 ▢

나의 기록은?   초

보너스 퀴즈 2

🔍 가로세로 낱말 퀴즈

아래의 가로·세로 열쇠 힌트를 보고 정답을 채워요.

가로

① 앞의 사물이 잘 안 보이거나 눈이 나빠지면 이것을 써야 해!
(예) 할아버지의 돋보기 OO

② 여성 한복 중에 하의를 가리키는 말이야.
(예) 꽃무늬 OO

③ 자전거나 자동차를 굴리기 위해 둥글게 만든 물건이야!
(예) 자전거 OO의 바람이 빠졌어!

④ 하늘에 뜬 별을 무리 지어서 붙인 이름이야!
(예) 내 OOO는 사수자리야!

세로

① 산이나 바다 등 자연의 모습을 가리키는 말이야!
(예) 이곳 OO가 정말 좋아!

② 말이 끄는 수레야!
(예) 신데렐라가 OO를 타고 무도회장에 갔어!

③ 하늘의 공기 덩어리가 이동하는 현상
(예) 시원한 OO이 불어!

④ 이 꽃의 열매를 연교라고 해!
(예) OOO는 봄에 피는 꽃으로 암꽃과 수꽃이 있지.

 키워드 찾아보기

ㄱ
가을 별자리 77
가을의 대사각형 77
개구리 95
개나리꽃 17
겨울 별자리 101
겨울의 대육각형 101
겨울잠 95
고기압 68
고무 타이어 39
공기 덩어리 13
관성 67
광합성 15
구름 73
그림자 37
근시 22
금속 가루 65

ㄴ
나뭇잎 15
낙엽 61
난시 22
노을 75
농도 91
눈 97

ㄷ
단풍잎 59
땀 51

ㅁ
마이야르 반응 89
매미 47
매연 63
먹구름 11
메아리 93
물방울 11
물방울 73
미세먼지 25

ㅂ
바람 13
반사 37
발암물질 25
번개 49
벼락 49
별자리 29
보호색 45
볼록렌즈 35
봄의 대삼각형 29
부피 87
불 21
불꽃놀이 65
붕어빵 88
비 11
빙판 83
빛 37
빛의 산란 71
빛의 파장 75

ㅅ
사계절 99
산소 21
산화 반응 85
색소 59
생활 쓰레기 41
세포 91
소리 93
소방관 21
수꽃 17
수돗물 19
수증기 51

ㅇ
안경 23
암꽃 17
애벌레 45
얼음 87
얼음 결정 97
여름 별자리 53
여름의 대삼각형 53
열 51
염화칼슘 83
엽록소 15
엽록체 15
오목렌즈 23
온실 기체 43
원시 22, 35
유충 47

ㅈ
자전거 39
재활용 41
정수 19
증발 73
지구 온난화 43
지구의 공전 98
진동 93
짝짓기 47

ㅊ
천둥 49
촉매 85
촉매 변환기 63

ㅌ
탄력성 39

ㅍ
포도당 61
풍화 작용 27

ㅎ
핫팩 84
호랑나비 45
환절기 68

정답

30~31

❶ 물방울 ❷ 바람 ❸ 엽록소 ❹ 산소

54~55

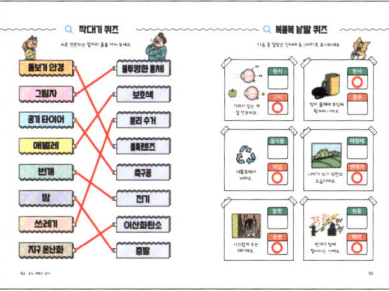

78~79

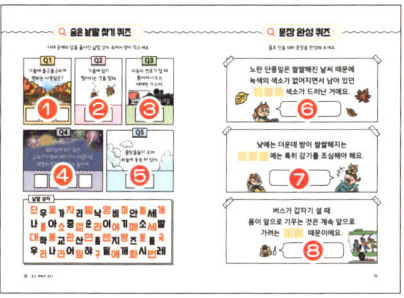

❶ 단풍잎 ❷ 낙엽 ❸ 매연 ❹ 불꽃놀이 ❺ 구름
❻ 노란색 ❼ 환절기 ❽ 관성

102~103

❶ 별자리 ❷ 손난로 ❸ 붕어빵 ❹ 마이야르
❺ 메아리 ❻ 개구리 ❼ 얼음 결정 ❽ 쌍둥이자리

105

가로 ❶ 안경 ❷ 치마 ❸ 바퀴 ❹ 별자리
세로 ❶ 경치 ❷ 마차 ❸ 바람 ❹ 개나리

초3, 과학이 온다 - 길에서 만나는 과학

2021년 4월 16일 개정판 1쇄 인쇄
2021년 4월 23일 개정판 1쇄 발행

글 이경윤
그림 유영근

발행인 정욱
편집인 황민호
콘텐츠3사업본부장 석인수
책임편집 박보영
디자인 권선영

발행처 대원씨아이(주) www.dwci.co.kr
주소 서울시 용산구 한강대로 15길 9-12
전화 02-2071-2152(편집) 02-2071-2066(영업)
팩스 02-794-7771
등록번호 1992년 5월 11일 등록 제3-563호

ISBN 979-11-362-6950-8 77490
　　　979-11-362-6094-9 (세트)

ⓒ 이경윤/대원씨아이

※책값은 뒤표지에 있습니다.
※이 책은 저작권법에 따라 보호받는 저작물이므로 무단전재와 복제를 금합니다.
※잘못된 책은 구입하신 곳에서 교환해 드립니다.